Ruth Loosli • Berge falten • Gedichte

Autorin und Verlag danken der Stadt Winterthur für die Unterstützung bei der Drucklegung dieses Werkes.

Stadt Winterthur

Nr 35 DIE REIHE
Herausgeber: Markus Bundi

© 2016 Wolfbach Verlag Zürich / Roßdorf

Gesamtgestaltung:
Atelier Franjo Seiler, Zürich

ISBN 978-3-905910-76-6

Ruth Loosli
Berge falten
Gedichte

Mit sechs Textbildern der Autorin

Du, wir

Schweig!

tais-toi!

reich mir deinen Mund
ich will Kürbisse darin pflanzen!

Du bist der Nebel
der meine Sätze befeuchtet

Du bist die Sonne
die mein Wort durchdringt

Du bist das zerfledderte Buch
das die Ohren hängen lässt

Du bist das Kraut
das meine Verdauung bedingt

Du bist mein Zahnfleisch
das blutet

Und die Seebucht
überflutet

Du bist wen wunderts
das Flugzeug das den

Planeten erkundet.

Bin
das Pferd
das seine Nüstern

in deine offenen Hände legt

und knabbere sorgfältig
diese Fläche leer.

Der Wind streut mir Sand in
die Augen ich wechsle meine
Meinung.

Deine Liebe zu ihr wird groß sein

Du wirst den Mund aufreißen und nach Luft schnappen.
Bist du schon Fisch im Storchenschnabel?
Lila Blüten wiegen im Wind; geheim sind
ihre Botschaften den forschenden Fröschen.

bah bah bah bah bah bah bah bah bah bah bah bah bah bah bah bah bah bah bah bah bah bah bah bah bah bah bah bah bah bah bah bah bah bah bah bah bah bah bah bah bah bah bah bah bah bah bah bah bah bah bah bah bah bah bah bah bah bah bah bah bah bah bah bah bah bah bah bah bah bah bah bah bah bah bah bah bah bah bah bah bah bah bah bah bah bah bah bah bah bah

bah!

Wenn der Glockenschlag
uns weckt

murren wir nicht

wenn das Wort in Form gebracht
lauschen wir der Stille

die sich nochmals
in uns senkt

sch sch sagen wir zu den Gedanken

wartet noch mit dem wilden Ritt
ins Gebirg.

Berührung

Ich wusste nicht
ob ich meine Hand auf
deinen Rücken legen darf
doch
deine Schulterblätter bejahten
sie ließen sich nach unten fallen
in die Wärme der offenen Handfläche.

Wovon die Dichter leben

Und wovon lebst du?
fragt der eine in der Runde zu
ungewohnter Stunde

Von Katzen und Kuchen
sagt sie und er schaut sie fragend an

Von Katzen und Kuchen
wiederholt sie die Katzen vom Stern
der Kuchen aus Lehm.

Frühling

ling ling
lang lang
auf dich gewartet
auf Säuseln und Bräuseln
und Nester bauen und schauen

gling gling mit langen Wimpern und
glang glang auf hohen Sätzen

kommst du daher.

Werden und Vergehen

Den Knospen nachstellen

Diese Knospen
entzündeten sich
an der plötzlichen Hitze.

Diese Knospen
entrollten sich wie züngelnde
grüne Flammen
durch die der Wind gefahren ist.

Laich

Laiche im Leichten
Laiche im Schweren
Im Getümmel
Im Tang

Laichen gibt zu tun.

Reisen

Einmal ist es die Erde
ein andermal Jupiter
oder die Venus und
bei der Milchstraße
biegen wir links ab.

Die Sekunde ist ein Lichtjahr
und das Lichtjahr kaum wahr
sonst kämen wir niemals zurück.

Bin eine Spätentzündete
ein Wehwehchen
ein Frühchen –
liege im Brutkasten der Wörter
noch eine Fremdsprachige
ein Backfisch mit erhöhtem Puls
schon ist der Mundraum
mit Speichel eingekleidet.

Brosamen

Die Brosamen fallen
zwischen meine Brüste
die schmale Furche
meines Lebens
der Schweiß saugt sich
in die gebackene Hefe
es kitzelt ein bisschen
ich füttere die Schwäne.

Wenn es geregnet hätte

Hätten wir uns klein geredet und
die Schirme aufgespannt
wir hätten unsere Wünsche auf
dem Tablett serviert
uns ein bisschen geniert

Wenn die Fenster offen wären
und irgendwo auch eine Tür
hätten wir geklingelt
und wären eingetreten
in eine andere Geschichte.

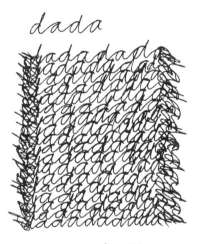

Geträumt

Gedichte
hängen
an
transparenten
Fäden
über den Wolken.

Glückliche Heimkehr

Was bin ich zufrieden mit dem Geschirr
der weiß-schwarz glasierten Teetasse
dem Brotmesser dem Stapel Briefpost
glücklich mit dem orientalischen Teppich
der meine Füße wärmt und dem Bett
zufrieden mit dem Radiosender
der meine Sprache spricht mit dem Wasser
das ich direkt ab Wasserhahn trinken kann mit
dem Wasserkocher der mir den Kaffee aufbrüht.

Mit der Stille im Flur mit der engen Treppe
die mich geduldig auf und abspringen lässt
mit der Waschmaschine die meine Wäsche
schleudert mit dem Radiator der die Wohnung
wärmt. Zufrieden mit dem grauen Himmel
der mich unbehelligt im Haus drinnen lässt
meinen eigenen Kuchen zu rühren.

Meine Frisöse
bestätigt die Perücken
auf den Schädeln
tätowierte Schneekristalle
schmücken
ihren Oberarm
und mein Brustkorb
sagt sie
ist gefüllt
mit Eis.

Die Dame mit dem Hund
mit dem Wanderstock
und der Sonnenbrille
mit dem Frosch am Rücken
der dich beim Einsteigen in den Zug
mit ausgetrockneten Augen anschaut.

Hell, dunkel

Sommer

Ich bückte mich
nahm einen Schatten
auf die Schulter
bewegte mich seitwärts
wieder daraus hervor
und verknotete
den alten Strang
dieser Rebe mit
einem andern.

Nur davon sprechen wie
das Licht der Taschenlampe
festgemacht am Traktor
der am Waldrand steht
sich ins Dickicht bohrt.

Letzter Sommerabend

Die Wolken spielen Skandinavien
und Europa und Europa das sich
mit dem Orient zu verständigen versucht

Ein Schiff fährt ein
es ist beleuchtet und das Spiel
der Wolken wird von der Nacht verschluckt.

November

Eine rote Rutsche
verschlungen
wie eine Frau
die ihre Beine übereinander schlägt
unter meinen Füssen
das Laub

und dann schaue ich zum Hund hinauf
der hinter dem Fenster ohne Gardinen
auf mich wartet.

Das weiße Pony
steht im Schnee

frisst weißen Schnee
zupft Grasbüschel hervor

die schwarze Mähne
fällt über den Hals

und die Lippen
sind weich und warm

das weiße Pony
grast im Schnee.

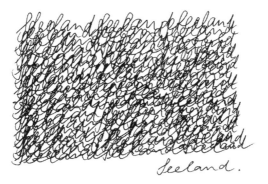

Seeland.

Zart dampfender Nebel
über dem See –
und das Spiegelbild
einer Tanne
kopfüber trägt sie
den ersten Schnee.

Glühbirne, nachts

I

Über meinem Schreibtisch
hängt eine Glühbirne
sie bringt Licht
ins Studium der Gestirne
zu später Stunde

II

Diese kleine Lampe
an der Wand beleuchtet
die Schrift im Buch in meinen Händen.
Die Glühbirne spiegelt sich im Glas des Fensters
und ich frage bist du der kleine Mond
in der Luke meines Bewusstseins?

Die kleine Lampe schweigt. Ihr ist es egal
ob sie in meiner Weltanschauung eine Glühbirne
ist oder ein Gestirn.

Der Regen der letzten Tage
ist vergessen
die Palmwedel sind frisch
geputzt und leuchten
feingliedrig.

Ungeübt

Die Spatzen hocken in der Hecke
und putzen sich das Gefieder
und flattern ein bisschen und
tschilpen ein paar Takte
hölzern klingt es als wäre ihr
Staunen über den Frühling so ungeübt
wie das meine.

Der offene Schnabel einer
frisch geschlüpften Feldlerche
erinnert an eine Blüte in der
Mittagshitze: atmet Hunger und
Durst und die Stempel eines
angedeuteten Rachens
zirpen lautlos.

Über mir fliegt die Möwe so nah
dass ich ihren braun gesprenkelten Bauch
betrachten kann
dann landet sie und hebt das eine Bein
verharrt eine Weile
trippelt in Richtung Düne und lässt sich fallen
eine Mulde entsteht
ganz ihrem Körper angepasst.

Konzert Villa Sträuli

Die Gitarre spaziert
von Ost nach West

von Himmel zu Himmel
von Stein zu Stein

sie springt über ihre
Saiten in die Waiten.

März

Die Schrebergärten werden
umgestochen ihre Grenzen
enger gesteckt von der Lichtung
zu den Seen und von dort zum
Hafenbecken in den Norden

wehen gesellige Bänder.

Sturm

Es geht ein dunkles Rauschen
durch die Baumreihe dort oben
als würde ein Flugzeug landen wollen

oder ein Schwarm großer
Vögel kreisen.
Das Haus steht fest. Es rüttelt
der Wind.

Der Kran

verbeugt sich
geht in die Knie
die Scharniere
sind geschmiert
und glänzen im
Sonnenlicht
ein eleganter Kranich

balzt in azurblau.

Nachtfalter

Es war eine Kerze
kleiner Genosse
der Wachs eine
glühende Lava
die deinen Körper
umfing
die Flügel zitterten
ehe sie sich
schlossen

eingeschmolzen
im Gelübde
dem Licht zu folgen.

Erfassen

Wenn man sich erfassen ließe
von einer Idee von einem Hunger
nach Vogelruf und Buschwindrosen.

Vor dem Grab

Als wäre dieser Engel
aus Stein und würde
in der Zeitlosigkeit schlafen

als wären meine Fragen
Nägel die der Verstand
krumm geschlagen hat

als wären meine Augen
Seismographen und würden
Erschütterungen aufzeichnen.

Mein Körper

Mein Körper ist ein Wasserbüffel
er schnaubt wenn ich ihn den Hang raufziehe

eine Gazelle ist er
wenn ihm der leichte Morgen schmeichelt

eine Maus wenn sein Herz im Dunkeln
pocht und pocht und

eine Katze die lauert
wenn sie hungrig in der Küche steht

ein Wolf gerne im Rudel
eine Mücke ehe sie sticht
ein Hirsch mit mächtigem Geweih

mein Körper ist ein Tier
im Zoo. So.

Hinter der Hecke

Damit hinter der Hecke Seide glitzert
muss sie alles vergessen
was sie jemals gedacht
geträumt oder gesungen hat

Damit hinter der Hecke Seide glitzert
muss sie vielleicht sterben –
Schau mal! ruft die Kleine
da ist eine Frau die weint.

Widerstand (aufgeben)

Es platzen die Blüten
die Flüchtlingsboote
aus allen Nähten
es rufen die Menschen
die Tiere und auch
die Sterne.

Fremde Silben
die Einheimische
nicht verstehen

vom Zāgros-Gebirge bin ich
wo Wasser sich sammelt
wo Wolken treiben

in diese Stadt gekommen
wie die andern
nicht?

Frauen
tauschen
Pralinen
und Geheimnisse

um Leben und Liebe
und Tod
und um das Verhältnis von
Puderzucker und Kirsch.

Verlegen
dem Herzen
zugehörig
das partout
über alles
stolpern will
es ist mein
eigenes
Umtausch
ausgeschlossen.

Bin nicht verwegen

Bin kreuzender Zug
den niemand besteigt

Bin fliehende Hitze kurz bevor
der Kaffee leergetrunken

Bin weißes Taschentuch
mit gehäkeltem Rand

in das sich jeder schnäuzt.

Stachel

Ein Stachel im Sanddorngestrüpp
ein Stachel nahe der Hagebutte
ein Stachel dem Auge das preschende Rot
in den Wellen das Schnellboot.

Wir lieben die Weite.
Wir lieben die Weite.
Wir lieben die Weite.

Das Kind jedoch verschluckt sich an zu viel Wind
an zu viel Wollen der Mutter des Vaters

es schreit bergab das sind drei Meter bis zum
Strand nah der zupackenden Hand dem roten
Schopf das sind 33 Zentimeter und ein klaffendes
Loch in der Herzklappe die auf und zu völlig
überfordert klappert bleib dir nah bleib dir
ein Stachel.

Vom Gockel

Es hat köstlich zu duften begonnen.
Wir stärken uns für das Kommende.
Und das Kommende beugt sich immer dem Jetzt.
Der Gockel verströmt sich im Topf mit seinem Weltbild.

Das rote Pferd

Das rote Pferd mit hellem Schweif
und dunkler Mähne wie klug und still
schaut es in die Zeit.

Und wenn es angeschirrt wird an den
Willen des Winters – wie stapft es
geduldig und bäumt sich nicht auf

klug und still die breite Stirn.

Nichts da!

Bin mir zu nah

rechts da
bin mir zu fern

könnt ich doch
könnt ich doch

so fern so nah
da da mir selber

freundlich sein

ist mir ein Vergnügen
Madame

würd ich sagen
meinen Hut lüpfen

eine Andeutung
von hüpfen

nichts da
bin mir zu nah

rechts da
zwischen gibt es

nichts

Wer ruft

Wenn die Nistplätze verschwunden
die Tastatur entstellt
das Kind erblindet
die Tapete gerissen
die Städte zerbombt
wer ruft wenn nicht wir

wer ruft wenn nicht
wer ruft wenn
wer wenn
wer

Das gelbe Zimmer

Nachrichten aus dem gelben Zimmer

I

Wer wischt hier Staub?
Die Marmorschale nimmt meine Wange auf
von der eine einzige Träne fällt
einfach so wie auch der Regen
draußen fällt. Es gibt nichts zu vermelden
was hässlich wäre oder schmerzhaft.
Ich ruhe mich in der Wärme dieser linken
Wange aus und wechsle dann die Seite.

II

Der ovale Tisch ist mein Tisch heute.
Er steht da und hat auf mich gewartet wie
auch das rote Pferd im Flur am Ende des ausgerollten
Teppichs auf mich gewartet hat.
Ich will es füttern, nachts, wenn alle schlafen.
Werde zu ihm gehen und ihm über die Mähne
fahren und fragen, wie es ihm geht?
Ist es immer noch so geduldig? Ich habe
ein Stück Zucker mitgebracht und halte ihm
die Handfläche hin.

III

Der grüne Sessel mit den Armlehnen aus Kirschenholz.
Er lädt mich ein. Das Kind in der Wiege hat nach
der Mutter geweint, doch sie ist nicht gekommen.
Nun hab ich mich darum gekümmert. Habe es aus der
Wiege mit den goldenen Adlerkrallen genommen und
ihm sacht auf den Rücken geklopft.

Der Regen unaufhörlich schiebt das Geröll im Flussbett.

IV

Unaufhörlich der Regen, wie lange noch, fragen bang die
Reben, die draußen eine Landschaft verkörpern.

Nur bis morgen noch, sage ich und der Rücken ist
das Kind und das Kind ist ein Greifvogel und das Schloss
wurde vor zehn hundert Jahren erbaut.

V

Der starke Hund, böse und schlecht ernährt bewacht diese Tür, die ein Spalt weit offen steht. Niemand traut sich nur einen Schritt weiter, als er erlauben würde. Seine Zähne sind scharf; scharf sind seine Zähne.

VI

Die schwere Tür unten ist geschlossen. Wer hat sie zuletzt hinter sich zugezogen?

VII

Der Kaktus hat Licht gespeichert
ihm geht es gut; ein Chamäleon zu seinen
Füßen, das ihm Geschichten erzählt.
Geschichten von dem fernen Land aus
dem sie gekommen sind, der Kaktus und
das Chamäleon.
Ein Land, das sie vergessen hatte und
plötzlich, sagt der Kaktus, ist diese
Sehnsucht da.

VIII

Der Regen kühlt die Tinte aus und
verwischt sie zugleich. Wir wollten
doch diese Geschichte erzählen oder
etwa nicht? Nun ist sie in blauen
Rinnsalen zu dem geworden, was sie
schon einmal war: Eine Laune der Zeit.

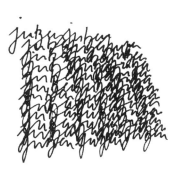

IX

Die Turmglocke, die zum Schloss gehört
schlägt sechsmal. Ziemlich dünn, vom
Regen gedämpft.
Wer hat die Glocke in Form gegossen?
War das ein glücklicher Tag?

X

Stimmen von unten dringen ins Gelb
der Tapete. So viele Stimmen hat sie
schon aufgenommen. Sie ist
schweigsam geworden im Lauf der
Generationen. Sie ist das Gedächtnis
von dem niemand weiß.

XI

Wird es mich morgen brauchen, fragt der
Regen die Wolken. Jaja, wir sind noch schwer
von der Reise hierhin, sagen sie. Aber morgen
ist doch Sonntag, meint der Regen und das Land
will sich ausruhen und die Flüsse auch.

XII

Vielleicht ergibt das Ächzen der Dielen
die erwartete Komposition?

Ich gehe auf und ab. Eine Bewegung, die
meine Füße launisch finden, doch ich
gebe nicht nach.
Später rücke ich den Sessel so nah wie
möglich ans Licht. Der Abend vermag
mich nicht zu überrumpeln; ich habe eine
Stehlampe gefunden mit zwei Glühbirnen
die ich einzeln bedienen kann.

XIII

Die Nacht hält Wache an meinem Bett.
Später, wenn ich eingeschlafen bin, schlüpft
sie zu mir und fragt nach den Träumen.
Stör mich nicht, sagt der Traum, ich will sie
überraschen, sie hat ein Talent den Dingen
eine Bedeutung zuzuweisen. Doch sie weiß nicht,
dass sie eine Schuppenflechte ist, an der sie
emporklettern kann. Ich will ihr zeigen, dass sie
beides ist, immer beides. Nachtschwer und taghell.

XIV

Der Schlaf war eitel genug mich zu betören und
morgens lösten sich die Fesseln der Benommenheit.
Guten Morgen rufen wir einander fröhlich zu
Guten Morgen rufen wir fröhlich zurück nur das
Gepäck der Träume lauert noch in einem Zwischenton.

XV

Wir ziehen uns zurück, nach Kaffee und Geplauder
nach Honig und Himmelsbrei nach dem Aufflackern
von Ungeduld. Wollten wir in Sprache fassen, was der
Regen ohnehin nicht weiß? Immer noch gießt er sich
aus den Wolken, seine Strähnen sind traurig genug.

Da muss nicht noch die Glocke kommen mit ihrem
zähen Zählen, bald muss ich gehen, bald schon und das
Gelb des Zimmers – Tapete, Wolldecke, Lampenschirm
und Tür – wird mir nachschauen, eine lange Schleife
aus Silben – wann kommst du wieder, fragen sie

und ich sage: exakt in einem Jahr, mögt ihr auf mich
warten?

INHALT

Du, wir

7 Schweig!
8 Du bist der Nebel
9 Bin
10 Der Wind streut mir Sand
11 Deine Liebe zu ihr wird gross sein
13 Wenn der Glockenschlag
14 Berührung
15 Wovon die Dichter leben
16 Frühling

Werden und Vergehen

19 Den Knospen nachstellen
20 Laich
21 Reisen
22 Bin eine Spätentzündete
23 Brosamen
24 Wenn es geregnet hätte
26 Geträumt
27 Glückliche Heimkehr
28 Meine Frisöse
29 Die Dame mit dem Hund

Hell, dunkel

33 Sommer
34 Nur davon sprechen
35 Letzter Sommerabend
36 November
37 Das weiße Pony
39 Zart dampfender Nebel
40 Glühbirne, nachts
41 Der Regen der letzten Tage
42 Ungeübt
43 Der offene Schnabel
44 Über mir fliegt die Möwe

45 Konzert Villa Sträuli
46 März
47 Sturm
48 Der Kran
49 Nachtfalter
51 Erfassen
52 Vor dem Grab
53 Mein Körper
54 Hinter der Hecke

Widerstand (aufgeben)

57 Es platzen die Blüten
58 Fremde Silben
59 Frauen
60 Verlegen
61 Bin nicht verwegen
62 Stachel
63 Vom Gockel
64 Das rote Pferd
65 Nichts da!
67 Wer ruft

Das gelbe Zimmer

71 Nachrichten aus dem gelben Zimmer
   I – XV

DIE REIHE Herausgeber: Markus Bundi

1. **Sascha Garzetti** Vom Heranwachsen der Sterne (Gedichte). ISBN 978-3-905910-04-9
2. **Svenja Herrmann** Ausschwärmen (Gedichte). ISBN 978-3-905910-05-6
3. **Nathalie Schmid** Atlantis lokalisieren (Gedichte). ISBN 978-3-905910-15-5
4. **Thomas Doppler** Nelson und die Kobra (Gedichte). ISBN 978-3-905910-16-2
5. **Ruth Loosli** Wila (Geschichten). ISBN 978-3-905910-18-6
6. **Jean-Marc Seiler** Papierflieger (Marginalien). ISBN 978-3-905910-19-3
7. **Ralf Schlatter** König der Welt (Gedichte). ISBN 978-3-905910-27-8
8. **Ingrid Fichtner** Lichte Landschaft (Gedichte). ISBN 978-3-905910-28-5
9. **Joanna Lisiak** Besonderlinge (Galerie der Existenzen I). Mit Illustrationen von Raffael Schüürmann. ISBN 978-3-905910-31-5
10. **János Moser** Das Kaninchen und der Stein (Erzählungen). ISBN 978-3-905910-32-2
11. **Carmen Bregy** Südhang Tod (Lyrik und Kurzprosa). ISBN 978-3-905910-37-7
12. **Claire Krähenbühl** Ailleurs peut-être / Vielleicht anderswo (Gedichte, frz./dt.). Aus dem Französischen übersetzt und mit einem Nachwort von Markus Hediger. ISBN 978-3-905910-38-4
13. **Joanna Lisiak** Besonderlinge (Galerie der Existenzen II). Mit Illustrationen von Raffael Schüürmann. ISBN 978-3-905910-43-8
14. **Silvia Trummer** Vierhändig (Ein Mosaik). ISBN 978-3-905910-42-1
15. **Marc Vincenz** Additional Breathing Exercises / Zusätzliche Atemübungen (Gedichte, eng./dt.). Aus dem Englischen übersetzt und mit einem Nachwort von André Ehrhard. ISBN 978-3-905910-44-5
16. **Beat Brechbühl** Böime, Böime! Permafrost und Halleluia (Gedichte). ISBN 978-3-905910-45-2
17. **Christian Haller** Laub vor dem Winter (Gedichte). ISBN 978-3-905910-46-9
18. **Markus Hediger** Va-t'en. Oublie / Geh. Vergiss (Gedichte, frz./dt.). Aus dem Französischen übersetzt von Yla von Dach. ISBN 978-3-905910-47-6
19. **Ingrid Fichtner** Von weitem (Gedichte). ISBN 978-3-905910-48-3
20. **Arthur Steiner** Stechwetter (Erzählungen). ISBN 978-3-905910-49-0
21. **Thomas Doppler** Ich sehe das anders, sagte der Igel (Gedichte). ISBN 978-3-905910-55-1
22. **Klaus Merz, Tanikawa Shuntarō, Raphael Urweider, Kaku Wakako** Es geht fast immer ein Wind. (Roppongi-Renshi, jap./dt.). Übersetzt von Matsushita Taeko und Eduard Klopfenstein. Mit einem Nachwort von Eduard Klopfenstein. ISBN 978-3-905910-56-8
23. **Kai Hilpert** Mauern gibt es nur im Hirn (Gedichte). ISBN 978-3-905910-58-2
24. **János Moser** Der Graben (Erzählungen). ISBN 978-3-905910-57-5
25. **Jeanine Osborne** Victory (Ein Quartett, eng./dt.). Aus dem Englischen übersetzt von Elisabeth Wandeler-Deck. Mit einem Nachwort von Peter Blickle. ISBN 978-3-905910-59-9

26 **Ernst Halter** Aschen Licht (Gedichte). ISBN 978-3-905910-65-0
27 **Katharina Lanfranconi** komm auf den balkon (Gedichte). ISBN 978-3-905910-66-7
28 **Daniele Pantano** Dogs in Untended Fields / Hunde in verwahrlosten Feldern Aus dem Englischen übersetzt und mit einem Nachwort von Jürgen Brôcan. (Gedichte, eng./dt.). ISBN 978-3-905910-67-4
29 **Eva Seck** sommer oder wie sagt man (Gedichte). ISBN 978-3-905910-68-1
30 **Ulrich Gerber** Kroetzer (Geschichten). ISBN 978-3-905910-69-8
31 **Sascha Garzetti** Und die Häuser fallen nicht um (Gedichte). ISBN 978-3-905910-70-4
32 **Ariane Braml** Vergissmeinland (Gedichte) ISBN 978-3-905910-73-5
33 **Bruno Landis** Ursina Blond lässt grüßen (Gedichte) ISBN 978-3-905910-74-2
34 **Gerold Ehrsam** fliegen lügen nicht (Gedichte) ISBN 978-3-905910-75-9
35 **Ruth Loosli** Berge falten (Gedichte) ISBN 978-3-905910-76-6

FÜR IHREN SECHSTEN GEDICHT-
BAND HAT SICH DIE DICHTERIN
ARIANE BRAML EINER BESON-
DERS STRENGEN FORM UNTER-
WORFEN. WAS DABEI HERAUS-
KAM, LÄSST STAUNEN, BESTICHT
SOWOHL FORMAL ALS AUCH
POETISCH. DAS FÜNFZEILIGE
TANKA IST FAST SCHON EINE
ZAUBERFORMEL UND HAT EINE
LANGE TRADITION.

*Der Dieb auf dem Dach
liebestollallnächtlich schnurrt
mauzt ein Lied springt samt-
pfotenweiss mehr hat er nicht
im Repertoire für Damen.*

DIE REIHE / BAND 32

**ARIANE BRAML
VERGISSMEINLAND**
GEDICHTE

ENGLISCHE BROSCHUR, 80 SEITEN
ISBN 978-3-905910-73-5
EURO 18.- / ca. CHF 23.-